Sofia and the Sunset Horse And Other Bilingual Italian-English Stories for Kids

Pomme Bilingual

Published by Pomme Bilingual, 2024.

While every precaution has been taken in the preparation of this book, the publisher assumes no responsibility for errors or omissions, or for damages resulting from the use of the information contained herein.

SOFIA AND THE SUNSET HORSE AND OTHER BILINGUAL ITALIAN-ENGLISH STORIES FOR KIDS

First edition. December 22, 2024.

ISBN: 979-8230948179

Written by Pomme Bilingual.

Table of Contents

La Piccola Barca di Marco

Marco viveva in un piccolo villaggio tra le colline, lontano dal mare. Ogni notte, mentre il vento cantava tra gli alberi, chiudeva gli occhi e sognava l'oceano. Immaginava onde immense che brillavano sotto il sole, gabbiani che volavano nel cielo azzurro e il profumo della salsedine.

Ma nel suo villaggio, il mare era solo una leggenda. "Il mare è troppo lontano," dicevano gli adulti. "Non vale la pena pensarci." Ma Marco non poteva smettere di pensarci.

Un giorno, mentre giocava nel giardino del nonno, trovò un pezzo di legno robusto e levigato. Lo prese tra le mani e lo osservò con attenzione. "Nonno," disse Marco, con gli occhi pieni di entusiasmo, "pensi che potremmo costruire una barca?"

Il nonno lo guardò e sorrise. "Una barca? Beh, non abbiamo il mare, ma possiamo costruirne una per sognare."

Iniziarono il progetto il giorno seguente. Marco e il nonno passarono ore nel loro piccolo laboratorio. Tagliarono il legno, lo levigarono e pian piano costruirono una barca in miniatura. Aveva una vela bianca, dipinta con una stella azzurra, e il nome "Speranza" scritto sul fianco.

Quando la barca fu finita, Marco la posizionò con cura in una piccola vasca d'acqua nel giardino. "Guarda, nonno! Naviga!" gridò, mentre la barchetta si muoveva delicatamente sull'acqua.

Ma Marco non si accontentava solo di guardare. Con il nonno, organizzò un'avventura. Riempirono un cestino con panini, frutta e una bottiglia di limonata. Marco prese un cappello da capitano e il nonno una vecchia bussola. Partirono insieme, immaginando che il giardino fosse un grande oceano pieno di isole misteriose.

Attraversarono "le isole di felci," scivolarono oltre "le grotte di roccia" (un vecchio muro di pietre) e combatterono contro un "mostro marino" (il gatto del vicino, Tito, che sembrava molto interessato al loro picnic).

Alla fine della giornata, mentre il sole tramontava dietro le colline, Marco si sedette accanto al nonno. "Nonno," disse con un sorriso, "oggi abbiamo navigato davvero."

Il nonno gli mise una mano sulla spalla. "Sì, Marco. E non dimenticare: il mare più grande che esplorerai è dentro di te. Basta un po' di immaginazione e puoi arrivare ovunque."

Quella notte, Marco si addormentò abbracciando il suo cappello da capitano. Nel suo cuore sapeva che, un giorno, avrebbe visto il vero mare. Ma fino ad allora, la sua piccola barca e i sogni con il nonno sarebbero stati tutto ciò di cui aveva bisogno.

Marco's Little Boat

Marco lived in a small village among the hills, far from the sea. Every night, as the wind sang through the trees, he would close his eyes and dream of the ocean. He imagined huge waves sparkling under the sun, seagulls flying in the blue sky, and the scent of salt in the air.

But in his village, the sea was just a legend. "The sea is too far," the adults would say. "It's not worth thinking about." But Marco couldn't stop thinking about it.

One day, while playing in his grandfather's garden, he found a sturdy, smooth piece of wood. He picked it up and examined it carefully. "Grandpa," Marco said, his eyes full of excitement, "do you think we could build a boat?"

His grandfather looked at him and smiled. "A boat? Well, we don't have the sea, but we can build one to dream with."

They started the project the very next day. Marco and his grandfather spent hours in their little workshop. They cut the wood, smoothed it, and slowly built a miniature boat. It had a white sail, painted with a blue star, and the name "Hope" written on its side.

When the boat was finished, Marco carefully placed it in a small basin of water in the garden. "Look, Grandpa! It's sailing!" he shouted, as the little boat gently floated on the water.

But Marco wasn't satisfied with just watching. Together with his grandfather, he organized an adventure. They filled a basket with sandwiches, fruit, and a bottle of lemonade. Marco put on a captain's hat, and his grandfather took an old compass. They set off together, imagining that the garden was a vast ocean full of mysterious islands.

They crossed the "fern islands," slid past the "rock caves" (an old stone wall), and fought against a "sea monster" (the neighbor's cat, Tito, who seemed very interested in their picnic).

At the end of the day, as the sun set behind the hills, Marco sat next to his grandfather. "Grandpa," he said with a smile, "today we really sailed."

His grandfather placed a hand on his shoulder. "Yes, Marco. And don't forget: the biggest sea you'll ever explore is inside you. With a bit of imagination, you can go anywhere."

That night, Marco fell asleep hugging his captain's hat. In his heart, he knew that one day he would see the real sea. But until then, his little boat and the dreams with his grandfather would be all he needed.

Lucia e il Segreto del Bosco

Lucia viveva in un piccolo borgo ai margini di un fitto bosco. Gli anziani del villaggio raccontavano sempre storie misteriose su quel luogo: "Il Bosco Incantato," lo chiamavano, un luogo dove il tempo si fermava e gli animali parlavano.

"Non entrare mai nel bosco," le diceva sua nonna. "È pieno di segreti che è meglio non scoprire."

Ma Lucia era curiosa. Amava gli animali e sognava spesso di parlare con loro. Un pomeriggio, mentre raccoglieva fiori vicino al margine del bosco, vide un piccolo cerbiatto che sembrava ferito. Senza pensarci due volte, seguì l'animale che zoppicava tra gli alberi.

"Ehi, aspetta!" chiamò Lucia, entrando nel bosco. Gli alberi sembravano chiudersi alle sue spalle, creando un tunnel di luce dorata e ombre danzanti.

Alla fine, raggiunse una radura. Il cerbiatto si fermò, la guardò e... parlò!

"Grazie per avermi seguito," disse con una voce dolce. "Avevo bisogno del tuo aiuto."

Lucia rimase senza parole. "Tu... tu parli?" balbettò.

"Certo," rispose il cerbiatto. "Qui, nel Bosco Incantato, tutti gli animali parlano. Ma non lo facciamo con tutti, solo con chi mostra gentilezza."

Lucia si accovacciò accanto al cerbiatto. "Come posso aiutarti?" chiese.

"C'è un segreto antico che il bosco custodisce," disse il cerbiatto. "Un tempo, gli uomini e gli animali vivevano in armonia. Ma quando gli uomini divennero avidi e distrussero parte del bosco, il nostro re decise di nascondere il Cuore della Natura, una gemma magica che protegge l'equilibrio di questo luogo. Ora il Cuore è in pericolo. Abbiamo bisogno di qualcuno coraggioso e gentile per proteggerlo."

Lucia ascoltava attentamente, il cuore che batteva forte. "Cosa devo fare?"

Il cerbiatto la guidò attraverso il bosco fino a un grande albero cavo. Qui, si trovavano altri animali: un gufo dagli occhi saggi, una volpe elegante e un orso possente. Tutti la guardarono con attenzione.

"Sei stata scelta, Lucia," disse il gufo. "Solo chi ha un cuore puro può proteggere il Cuore della Natura."

La volpe aggiunse: "Dovrai dimostrare coraggio. Segui il cerbiatto, ti guiderà al Cuore."

Lucia annuì e seguì il cerbiatto. Camminarono fino a una grotta nascosta da edera e fiori luminosi. All'interno, in una piccola alcova, brillava una gemma verde, pulsante di luce viva.

Appena si avvicinarono, un vento freddo attraversò la grotta, e una figura oscura apparve. "Chi osa disturbare il Cuore della Natura?" tuonò la voce.

Lucia si fece avanti, stringendo i pugni per il coraggio. "Non sono qui per disturbare, ma per proteggere. Voglio aiutare il bosco e gli animali che lo abitano."

La figura rimase immobile per un momento, poi si dissolse in una brezza calda. "La tua gentilezza e il tuo coraggio ti rendono degna," disse una voce più dolce. "Il Cuore della Natura è al sicuro con te."

La gemma smise di pulsare e divenne un ciondolo che Lucia portò al collo. Quando uscì dalla grotta, gli animali la accolsero con gioia.

"Grazie, Lucia," disse il cerbiatto. "Hai salvato il bosco."

Da quel giorno, Lucia tornava spesso al Bosco Incantato. Gli animali le insegnavano i segreti della natura, e lei imparava ogni giorno qualcosa di nuovo. Non parlò mai a nessuno di ciò che accadde, ma il villaggio notò che il bosco era diventato più rigoglioso, come se fosse tornato a vivere.

E ogni volta che un animale si avvicinava a lei, sembrava quasi che le sorridesse.

Lucia and the Secret of the Forest

Lucia lived in a small village at the edge of a dense forest. The elders in the village always told mysterious stories about this place: "The Enchanted Forest," they called it, a place where time stood still and animals could talk.

Never go into the forest," her grandmother would tell her. "It's full of secrets that are better left undiscovered."

But Lucia was curious. She loved animals and often dreamed of speaking to them. One afternoon, while picking flowers near the edge of the forest, she saw a little fawn that seemed injured. Without thinking twice, she followed the limping animal through the trees.

Hey, wait!" Lucia called, stepping into the forest. The trees seemed to close behind her, creating a tunnel of golden light and dancing shadows.

Eventually, she reached a clearing. The fawn stopped, looked at her, and... spoke!

"Thank you for following me," it said in a soft voice. "I needed your help."

Lucia was speechless. "You... you talk?" she stammered.

"Of course," the fawn replied. "Here, in the Enchanted Forest, a
the animals talk. But we don't speak to everyone—only to tho:
who show kindness."

Lucia crouched beside the fawn. "How can I help you?" sh
asked.

"There's an ancient secret the forest keeps," the fawn explainec
"Once, humans and animals lived in harmony. But when humar
became greedy and destroyed part of the forest, our king decide
to hide the Heart of Nature, a magical gem that protects th
balance of this place. Now, the Heart is in danger. We nee
someone brave and kind to protect it."

Lucia listened carefully, her heart pounding. "What should
do?"

The fawn led her through the forest to a large hollow tree. There
other animals were waiting: a wise owl, an elegant fox, and :
mighty bear. They all watched her closely.

"You've been chosen, Lucia," the owl said. "Only those with :
pure heart can protect the Heart of Nature."

The fox added, "You must show courage. Follow the fawn, and i
will lead you to the Heart."

Lucia nodded and followed the fawn. They walked until they
reached a cave hidden by ivy and glowing flowers. Inside, in a
small alcove, a green gem shone, pulsating with a vibrant light.

As they approached, a cold wind swept through the cave, and a dark figure appeared. "Who dares disturb the Heart of Nature?" the voice thundered.

Lucia stepped forward, clenching her fists for courage. "I'm not here to disturb, but to protect. I want to help the forest and the animals that live here."

The figure stood still for a moment, then dissolved into a warm breeze. "Your kindness and courage make you worthy," said a softer voice. "The Heart of Nature is safe with you."

The gem stopped pulsing and became a pendant that Lucia wore around her neck. When she left the cave, the animals greeted her with joy.

"Thank you, Lucia," said the fawn. "You've saved the forest."

From that day on, Lucia often visited the Enchanted Forest. The animals taught her the secrets of nature, and each day, she learned something new. She never spoke to anyone about what had happened, but the village noticed that the forest had become more lush, as if it had come back to life.

And every time an animal came near her, it seemed as if it were smiling.

Il Sogno di Vittorio

Vittorio era un ragazzo che amava il cielo notturno. Ogni sera, mentre il resto del villaggio si chiudeva nelle proprie case, lui si arrampicava sulla collina più alta con il suo cavalletto, i colori e una tela bianca.

"Le stelle sono come amici," diceva sempre a sua madre. "Loro brillano anche quando tutto sembra buio."

Il suo villaggio era piccolo e tranquillo, ma gli abitanti erano spesso presi dai loro problemi quotidiani. Le stelle, invece, sembravano ignorare ogni preoccupazione, danzando serene nel cielo. Vittorio desiderava catturare quella bellezza con i suoi dipinti.

Un giorno, mentre tornava dal mercato, sentì un anziano parlare di un evento raro. "Una cometa passerà nel cielo fra due notti," disse l'uomo. "Non accadeva da cento anni!"

Vittorio non riuscì a trattenere l'entusiasmo. Corse a casa, prese il suo diario e cominciò a fare schizzi di come immaginava la cometa. Quella notte, non riuscì a dormire, pensando a come catturare quell'attimo unico sulla tela.

Quando finalmente arrivò il gran giorno, Vittorio preparò tutto: una grande tela, i colori più brillanti e il suo cavalletto. Ma prima di salire sulla collina, ebbe un'idea. Andò di casa in casa, invitando gli abitanti del villaggio a unirsi a lui.

"La cometa sarà meravigliosa," disse. "Venite con me sulla collina. È qualcosa che dobbiamo vedere insieme!"

All'inizio, la gente era riluttante. "Siamo troppo occupati," disse il fornaio. "È solo una cometa," aggiunse la sarta. Ma il sorriso e l'entusiasmo di Vittorio convinsero molti.

Quella sera, mentre il sole tramontava, la collina si riempì di persone. C'erano famiglie con coperte, bambini con lanterne e persino il vecchio sindaco con il suo bastone. Vittorio sistemò il suo cavalletto in mezzo a tutti e attese con il cuore che batteva forte.

Finalmente, il cielo si illuminò. Una striscia luminosa attraversò l'oscurità, lasciando una scia di luce dorata e argentata. Era la cometa, più bella di quanto Vittorio avesse mai immaginato.

Con mani tremanti per l'emozione, cominciò a dipingere. Usò blu profondi per il cielo, tocchi di bianco brillante per le stelle e pennellate d'oro e argento per catturare la cometa. Mentre lavorava, la gente attorno a lui guardava il cielo con occhi pieni di meraviglia.

"È incredibile," sussurrò qualcuno. "Non ho mai visto nulla di così bello."

Quando la cometa scomparve, Vittorio continuò a dipingere, ricordando ogni dettaglio. Al termine, mostrò il suo lavoro alla folla. Il dipinto sembrava vivo, come se la cometa stesse ancora attraversando il cielo.

Gli abitanti del villaggio rimasero in silenzio per un momento, poi iniziarono ad applaudire. "Hai catturato la magia!" disse il rnaio. "È come se potessimo rivivere questo momento ogni volta che guardiamo il tuo dipinto."

Vittorio continuò a dipingere, ma non dimenticò mai quella notte. Capì che l'arte non era solo per lui, ma per unire le persone, per farle sognare e ricordare quanto il mondo fosse straordinario.

Vittorio's Dream

Vittorio was a boy who loved the night sky. Every evening, as the rest of the village shut themselves in their homes, he would climb to the highest hill with his easel, paints, and a blank canvas.

"The stars are like friends," he always said to his mother. "They shine even when everything seems dark."

His village was small and peaceful, but the people were often caught up in their daily problems. The stars, on the other hand, seemed to ignore all worries, dancing serenely in the sky. Vittorio longed to capture that beauty with his paintings.

One day, while returning from the market, he overheard an old man talking about a rare event. "A comet will pass through the sky in two nights," the man said. "It hasn't happened in a hundred years!"

Vittorio couldn't contain his excitement. He ran home, grabbed his journal, and began sketching how he imagined the comet would look. That night, he couldn't sleep, thinking about how to capture that unique moment on his canvas.

When the big day finally arrived, Vittorio prepared everything: a large canvas, the brightest colors, and his easel. But before heading to the hill, he had an idea. He went from house to house, inviting the villagers to join him.

"The comet will be wonderful," he said. "Come with me to the hill. It's something we should see together!"

At first, people were reluctant. "We're too busy," said the baker. "It's just a comet," added the seamstress. But Vittorio's smile and enthusiasm convinced many.

That evening, as the sun set, the hill was filled with people. There were families with blankets, children with lanterns, and even the old mayor with his cane. Vittorio set up his easel among them and waited, his heart beating fast.

Finally, the sky lit up. A bright streak crossed the darkness, leaving a trail of golden and silver light. It was the comet, more beautiful than Vittorio had ever imagined.

With trembling hands from excitement, he began to paint. He used deep blues for the sky, bright white touches for the stars, and golden and silver brushstrokes to capture the comet. As he worked, the people around him watched the sky with eyes full of wonder.

"It's incredible," someone whispered. "I've never seen anything so beautiful."

When the comet disappeared, Vittorio kept painting, remembering every detail. When he was done, he showed his work to the crowd. The painting seemed alive, as if the comet was still crossing the sky.

The villagers stood in silence for a moment, then began to applaud. "You've captured the magic!" said the baker. "It's as if we can relive this moment every time we look at your painting."

Vittorio continued to paint, but he never forgot that night. He understood that art was not just for him, but for bringing people together, to make them dream, and to remind them how extraordinary the world was.

Sofia e il Cavallo del Tramonto

Sofia viveva in una fattoria ai margini di una vasta pianura. Ogni sera, adorava guardare il sole tramontare oltre le colline, tingendo il cielo di arancione e rosa. La sua famiglia era modesta, ma felice, e tutti lavoravano insieme per prendersi cura degli animali e dei campi.

Un pomeriggio, mentre tornava a casa dopo aver raccolto legna, Sofia notò qualcosa tra l'erba alta. Si avvicinò lentamente e vide un cavallo disteso a terra, con il fianco sollevato e abbassato affannosamente. L'animale era magro, sporco e sembrava ferito a una zampa.

"Oh, poverino," sussurrò Sofia, inginocchiandosi accanto a lui. Il cavallo sollevò la testa e la guardò con occhi pieni di dolore ma anche di fiducia.

Sofia corse a casa per chiamare suo padre. "Papà, c'è un cavallo ferito nel campo! Dobbiamo aiutarlo!"

Suo padre esitò. "Sofia, non sappiamo da dove viene. Potrebbe essere pericoloso. E la fattoria ha già tante spese..."

"Per favore, papà," insistette Sofia. "Non possiamo lasciarlo lì da solo."

Alla fine, suo padre accettò. Con l'aiuto della madre e del fratellino, portarono il cavallo alla stalla. Sofia lo chiamò

Tramonto, per via del colore dorato della sua criniera, che ricordava il cielo al calar del sole.

Nei giorni seguenti, Sofia si dedicò completamente a Tramonto. Ogni mattina gli portava acqua fresca e medicava la sua zampa ferita con erbe che sua madre le insegnò a raccogliere. Gli parlava con dolcezza, raccontandogli i suoi sogni e le sue speranze.

"All'inizio sembrava così debole," diceva al fratellino Carlo. "Ma guarda, oggi ha provato a sollevarsi!"

Tramonto, con il tempo e le cure, iniziò a migliorare. La sua zampa guarì, il suo pelo divenne lucido e i suoi occhi brillavano di nuovo. Ma ciò che colpì Sofia di più fu il legame che si creò tra di loro. Ogni volta che entrava nella stalla, Tramonto la salutava con un nitrito dolce e appoggiava il muso sulla sua spalla.

Un giorno, mentre Sofia lo spazzolava, suo padre entrò nella stalla. "Sofia," disse con tono serio, "ho sentito dire che c'è un mercante di cavalli in zona. Potrebbe appartenere a lui."

Il cuore di Sofia si strinse. Non voleva separarsi da Tramonto. "Non possiamo tenerlo?" chiese con voce tremante.

"Non lo so, Sofia," rispose il padre. "Se il cavallo ha un proprietario, dobbiamo restituirlo."

Sofia sapeva che era giusto, ma l'idea di perdere Tramonto la rattristava profondamente. Tuttavia, decise di essere forte. Quando il mercante arrivò, Sofia si fece avanti.

"Questo è il vostro cavallo?" chiese, accarezzando Tramonto con delicatezza.

Il mercante esaminò il cavallo e scosse la testa. "No, non è mio. Probabilmente è scappato da un'altra fattoria. Ma vedo che è in ottime mani. Se vuoi tenerlo, penso che sarebbe felice qui con te."

Sofia non riuscì a trattenere un sorriso. Si voltò verso Tramonto e lo abbracciò. "Sei parte della famiglia ora," gli sussurrò.

Ogni sera, lei e Tramonto correvano insieme verso il tramonto, liberi e felici, ricordando a tutti che con amore e perseveranza, si può guarire qualsiasi ferita.

Sofia and the Sunset Horse

Sofia lived on a farm at the edge of a vast plain. Every evening, she loved watching the sun set behind the hills, painting the sky in shades of orange and pink. Her family was modest but happy, and they all worked together to care for the animals and the fields.

One afternoon, while returning home after collecting firewood, Sofia noticed something in the tall grass. She approached slowly and saw a horse lying on the ground, its side rising and falling with heavy breaths. The animal was thin, dirty, and seemed to have an injured leg.

"Oh, poor thing," Sofia whispered, kneeling beside it. The horse lifted its head and looked at her with eyes full of pain but also trust.

Sofia ran home to call her father. "Dad, there's an injured horse in the field! We have to help it!"

Her father hesitated. "Sofia, we don't know where it came from. It might be dangerous. And the farm already has so many expenses..."

"Please, Dad," Sofia insisted. "We can't leave it out there alone."

In the end, her father agreed. With the help of her mother and little brother, they brought the horse to the barn. Sofia named it

Sunset, because of the golden color of its mane, which reminded her of the sky at sunset.

In the following days, Sofia dedicated herself completely to Sunset. Every morning, she brought fresh water and treated its injured leg with herbs her mother had taught her to gather. She spoke to the horse gently, sharing her dreams and hopes.

"At first, it seemed so weak," she told her brother Carlo. "But look, today it tried to get up!"

With time and care, Sunset began to improve. Its leg healed, its coat became shiny, and its eyes sparkled again. But what touched Sofia the most was the bond that developed between them. Every time she entered the barn, Sunset would greet her with a soft neigh and rest its head on her shoulder.

One day, while Sofia was brushing Sunset, her father entered the barn. "Sofia," he said seriously, "I've heard that there's a horse merchant in the area. It might belong to him."

Sofia's heart tightened. She didn't want to part with Sunset. "Can't we keep him?" she asked with a trembling voice.

"I don't know, Sofia," her father replied. "If the horse has an owner, we have to return it."

Sofia knew it was the right thing to do, but the thought of losing Sunset made her deeply sad. However, she decided to be strong. When the merchant arrived, Sofia stepped forward.

"Is this your horse?" she asked, gently stroking Sunset.

he merchant examined the horse and shook his head. "No, it's
ot mine. It probably ran away from another farm. But I can see
's in good hands. If you want to keep it, I think it would be
appy here with you."

ofia couldn't help but smile. She turned to Sunset and hugged
im. "You're part of the family now," she whispered.

very evening, she and Sunset would run together toward the
unset, free and happy, reminding everyone that with love and
erseverance, any wound can heal.

Il Tesoro di Giacomo

Giacomo viveva in un piccolo paese sul mare, dove ogni angolo profumava di salsedine e avventure. Passava le sue giornate correndo sulla spiaggia con i suoi migliori amici: Lorenzo, il più veloce a trovare conchiglie, e Sara, che inventava storie su pirati e sirene.

Un giorno, mentre scavava nella sabbia vicino al vecchio molo, Giacomo trovò qualcosa di insolito: un pezzo di carta ingiallito, avvolto da una cordicella logora. "È una mappa!" esclamò, correndo verso gli amici.

Lorenzo la esaminò attentamente. "Guarda! C'è una X qui. E segni che sembrano indicare la nostra spiaggia!"

Sara, con gli occhi che brillavano di entusiasmo, aggiunse: "Deve essere un tesoro nascosto! Forse dai pirati di cui ho letto nei libri!"

Decisero subito di seguire la mappa. Armati di una bussola, una pala e una lanterna, partirono all'alba. La mappa li guidò prima al faro abbandonato, dove trovarono un vecchio barattolo contenente un indizio:

"Dove il sole bacia le rocce, cercate il prossimo passo."

"Le rocce sul promontorio!" gridò Lorenzo.

Arrivati al promontorio, trovarono un altro messaggio, nascosto tra i cespugli di rosmarino:

"Vicino al cuore del paese, il tesoro attende."

"Il cuore del paese... potrebbe essere la piazza!" disse Sara.

Corsero verso la piazza principale, dove una vecchia fontana dominava il centro. La mappa indicava chiaramente il lato nord della fontana. Giacomo scavò con entusiasmo e presto colpì qualcosa di solido. Una piccola scatola di legno emerse dalla terra.

"È il tesoro!" gridarono tutti insieme, aprendo la scatola con mani tremanti.

Dentro c'era una collezione di oggetti: vecchie monete, una bussola antica e un diario. Giacomo lo aprì e lesse le prime pagine. Era scritto da un pescatore del paese, molti anni prima. Parlava delle sue avventure in mare, delle sue amicizie e del valore dei momenti condivisi.

Sara lesse ad alta voce una frase che li colpì tutti:

"Il vero tesoro non è fatto di oro, ma di ricordi e legami che durano per sempre."

Si guardarono negli occhi e sorrisero. Forse il pescatore aveva ragione. Non era il contenuto della scatola il vero tesoro, ma l'avventura che avevano vissuto insieme per trovarlo.

Giacomo's Treasure

Giacomo lived in a small seaside village, where every corner smelled of saltwater and adventure. He spent his days running along the beach with his best friends: Lorenzo, the fastest at finding seashells, and Sara, who invented stories about pirates and mermaids.

One day, while digging in the sand near the old pier, Giacomo found something unusual: a piece of yellowed paper, wrapped in a frayed string. "It's a map!" he exclaimed, running toward his friends.

Lorenzo carefully examined it. "Look! There's an X here. And marks that seem to point to our beach!"

Sara, her eyes sparkling with excitement, added, "It must be a hidden treasure! Maybe from the pirates I've read about in books!"

They immediately decided to follow the map. Armed with a compass, a shovel, and a lantern, they set off at dawn. The map led them first to the abandoned lighthouse, where they found an old jar containing a clue:

"Where the sun kisses the rocks, look for the next step."

"The rocks on the promontory!" shouted Lorenzo.

At the promontory, they found another message hidden among the rosemary bushes:

"Near the heart of the village, the treasure awaits."

"The heart of the village... it must be the square!" said Sara.

They raced to the main square, where an old fountain stood at the center. The map clearly pointed to the north side of the fountain. Giacomo eagerly began to dig and soon struck something solid. A small wooden box emerged from the ground.

"It's the treasure!" they all shouted together, opening the box with trembling hands.

Inside was a collection of items: old coins, an antique compass, and a journal. Giacomo opened it and read the first pages. It was written by a fisherman from the village many years ago. He spoke of his adventures at sea, his friendships, and the value of shared moments.

Sara read aloud a sentence that touched them all:

"The real treasure isn't made of gold, but of memories and bonds that last forever."

They looked into each other's eyes and smiled. Maybe the fisherman was right. The true treasure wasn't the contents of the box, but the adventure they had shared in finding it.

Chiara e il Desiderio di Mezzanotte

Era la notte di San Lorenzo, il cielo limpido era punteggiato da milioni di stelle scintillanti. Chiara era sdraiata sull'erba del prato dietro casa sua, con lo sguardo fisso verso l'alto. Quella era la sua notte preferita dell'anno, la notte in cui le stelle cadenti attraversavano il cielo e i desideri diventavano possibili.

Quest'anno farò un desiderio davvero speciale," pensò Chiara, stringendo un ciondolo a forma di stella che sua nonna le aveva regalato anni prima.

Chiara aveva sempre sognato di essere più coraggiosa. A scuola si sentiva spesso insicura e, anche se aveva tanti sogni, aveva paura di non essere abbastanza brava per realizzarli. "Se solo potessi avere più coraggio," mormorò, chiudendo gli occhi mentre una stella cadente attraversava il cielo.

Quando riaprì gli occhi, il prato intorno a lei sembrava diverso. Una luce soffusa illuminava l'aria, e una figura comparve accanto a lei. Era un'anziana donna con capelli argentati che brillavano come le stelle.

"Chi sei?" chiese Chiara, un po' spaventata ma anche incuriosita.

"Sono la custode dei desideri," rispose la donna con un sorriso gentile. "Hai espresso un desiderio, e sono qui per aiutarti a capire il suo vero significato."

Chiara la guardò con occhi spalancati. "Puoi davvero farmi diventare più coraggiosa?"

La donna ridacchiò. "Il coraggio non è qualcosa che posso darti. Ma posso mostrarti che è già dentro di te."

Prima che Chiara potesse rispondere, si trovò improvvisamente in un bosco. Era lo stesso bosco vicino al suo villaggio, ma qualcosa sembrava diverso. Le ombre erano più profonde, e ogni suono sembrava amplificato.

"Dove mi trovo?" chiese Chiara, guardandosi intorno.

"Questo è un viaggio dentro te stessa," rispose la voce della donna, ora proveniente da lontano. "Trova la tua strada, e scoprirai il tuo coraggio."

Chiara prese un respiro profondo e iniziò a camminare. Il bosco sembrava vivo, come se osservasse ogni suo movimento. A un certo punto, sentì un rumore dietro di sé. Si voltò e vide un piccolo gufo intrappolato in una rete.

"Non preoccuparti, ti aiuterò," disse Chiara, avvicinandosi con cautela. Le sue mani tremavano mentre cercava di liberare il gufo, ma alla fine riuscì a sciogliere la rete.

"Grazie," disse il gufo, guardandola con occhi dorati. "Hai dimostrato di avere compassione e coraggio. Ricorda, il coraggio non è l'assenza di paura, ma agire nonostante essa."

Chiara continuò il suo cammino, sentendosi un po' più forte. Poco dopo, trovò un ponte che attraversava un fiume turbolento. Sembrava fragile, ma era l'unico modo per proseguire.

"Non posso farcela," mormorò, ma poi ricordò le parole del gufo. Fece un passo, poi un altro, e con il cuore che batteva forte, attraversò il ponte.

Quando raggiunse l'altra sponda, il bosco svanì e Chiara si ritrovò di nuovo nel prato sotto le stelle. La custode dei desideri era lì ad aspettarla.

"Hai trovato il tuo coraggio, Chiara," disse la donna. "Non hai bisogno di una stella per realizzare i tuoi sogni. La forza che cerchi è già dentro di te."

Da quella notte, Chiara non si sentì più insicura. Affrontò le sue paure una alla volta, ricordando il suo viaggio nel bosco. Ogni volta che dubitava di sé, guardava il cielo e sorrideva, sapendo che le stelle le avevano mostrato la verità: il suo coraggio era sempre stato lì, nascosto nel suo cuore.

Chiara and the Midnight Wish

It was the night of San Lorenzo, and the clear sky was dotted with millions of sparkling stars. Chiara was lying on the grass in the backyard, her gaze fixed upwards. This was her favorite night of the year, the night when shooting stars streaked across the sky and wishes became possible.

"This year, I'll make a really special wish," Chiara thought, clutching a star-shaped pendant that her grandmother had given her years ago.

Chiara had always dreamed of being braver. At school, she often felt insecure, and even though she had many dreams, she was afraid she wasn't good enough to make them come true. "If only I could be braver," she whispered, closing her eyes as a shooting star passed across the sky.

When she opened her eyes again, the meadow around her seemed different. A soft light illuminated the air, and a figure appeared beside her. It was an elderly woman with silver hair that shimmered like the stars.

"Who are you?" Chiara asked, a little scared but also curious.

"I am the keeper of wishes," the woman replied with a gentle smile. "You made a wish, and I am here to help you understand its true meaning."

Chiara stared at her, wide-eyed. "Can you really make me braver?"

The woman chuckled. "Courage is not something I can give you. But I can show you that it is already inside you."

Before Chiara could respond, she suddenly found herself in a forest. It was the same forest near her village, but something felt different. The shadows were deeper, and every sound seemed amplified.

"Where am I?" Chiara asked, looking around.

"This is a journey inside yourself," the woman's voice answered, now coming from afar. "Find your way, and you will discover your courage."

Chiara took a deep breath and started walking. The forest seemed alive, as if it was watching her every move. After a while, she heard a sound behind her. She turned and saw a small owl caught in a net.

"Don't worry, I'll help you," Chiara said, approaching carefully. Her hands trembled as she tried to free the owl, but in the end, she managed to untangle the net.

"Thank you," the owl said, looking at her with golden eyes. "You have shown compassion and courage. Remember, courage is not the absence of fear, but acting despite it."

Chiara continued on her path, feeling a little stronger. Soon after, she found a bridge crossing a turbulent river. It looked fragile, but it was the only way forward.

I can't do it," she whispered, but then she remembered the owl's words. She took a step, then another, and with her heart pounding, she crossed the bridge.

When she reached the other side, the forest disappeared, and Chiara found herself back in the meadow under the stars. The keeper of wishes was there waiting for her.

You've found your courage, Chiara," the woman said. "You don't need a star to make your dreams come true. The strength you seek is already inside you."

From that night on, Chiara no longer felt insecure. She faced her fears one by one, remembering her journey in the forest. Every time she doubted herself, she looked at the sky and smiled, knowing that the stars had shown her the truth: her courage had always been there, hidden in her heart.

Il Volo di Martina

Martina viveva in un piccolo villaggio di montagna, circondato da alte vette e prati verdi. Ogni giorno, seduta sulla sua finestra, guardava gli uccelli volare nel cielo limpido e sognava di poter volare anche lei. La sensazione di libertà che provavano quegli uccelli la affascinava. Si immaginava di librarsi tra le nuvole, di volare sopra le montagne, di sentire il vento tra i capelli.

Ma Martina non si sentiva libera. La sua vita nel villaggio era guidata dalle regole e dalle aspettative degli altri. Doveva studiare duramente, fare sempre la cosa giusta e non uscire mai troppo dagli schemi. Tutti si aspettavano che fosse una brava ragazza, rispettosa e tranquilla. Ma dentro di sé, Martina sentiva di voler fare qualcosa di diverso, di più grande.

Un giorno d'estate, mentre passeggiava nei boschi vicino al villaggio, incontrò un uomo anziano. Aveva una lunga barba grigia e occhi pieni di saggezza. Si chiamava Paolo, e un tempo era stato un pilota.

"Perché sei qui, ragazza?" chiese Paolo, notando che Martina lo guardava incuriosita.

"Sto solo camminando," rispose Martina, "ma ho sempre sognato di volare."

"Volare, eh?" disse Paolo con un sorriso. "Anch'io un tempo volavo. Mi chiamavano il 'pilota dei cieli'. Ho visto il mondo da un'altezza che pochi possono immaginare."

Martina lo guardò stupita. "Ma come facevi? Dovevi essere davvero coraggioso."

Paolo si sedette su una roccia e guardò il cielo. "Il coraggio non è qualcosa che si trova facilmente. È qualcosa che si costruisce, passo dopo passo. E anche tu puoi trovarlo."

Da quel giorno, Martina e Paolo divennero amici. Ogni pomeriggio, si incontravano nel bosco, dove l'uomo le raccontava storie di volo, di alti cieli e di luoghi lontani. Un giorno, Paolo la portò in una vecchia officina, nascosta tra gli alberi. Dentro, c'erano parti di aerei, motori e ali di vecchi velivoli.

"Voglio costruire qualcosa," disse Paolo, "qualcosa che ti aiuti a volare."

Martina lo guardò incredula. "Tu davvero pensi che io possa volare?"

"Con il giusto coraggio, e con il giusto aiuto, tutto è possibile," rispose Paolo. "Iniziamo a costruire un aliante."

E così, insieme, Martina e Paolo iniziarono a costruire un piccolo aliante. Ogni giorno, Martina lavorava con Paolo, imparando a usare gli attrezzi e a capire come l'aria potesse sollevare un velivolo dal suolo. Durante il processo, imparò non solo a costruire, ma anche a credere in sé stessa. Cominciò a capire che la sua paura non doveva impedirle di fare ciò che amava. Non sarebbe stato facile, ma avrebbe dovuto affrontare le sue paure, proprio come gli uccelli che volano alto nel cielo.

Il giorno del festival del villaggio arrivò. C'era una grande festa in piazza, con bancarelle, canti e balli. Ma Martina non pensava a questo. Si avvicinò al campo dove Paolo aveva sistemato l'aliante. C'era una leggera brezza, perfetta per il volo.

"Sei pronta?" chiese Paolo, con un sorriso che le faceva sentire più sicura.

Martina annuì. Il cuore le batteva forte nel petto. Si sedette sull'aliante, le mani tremanti ma decisa. Paolo la guardò con orgoglio e le diede una spinta leggera. L'aliante si alzò dal suolo, sollevandosi lentamente nell'aria.

Martina guardò in alto, sentendo l'aria fresca sul viso. Il vento le scompigliava i capelli e per un momento si sentì come gli uccelli che aveva tanto ammirato. La sensazione era incredibile. Non aveva mai provato niente di simile.

Vedeva il villaggio sotto di lei, piccolo e silenzioso. Vedeva le montagne lontane, e il cielo azzurro che sembrava non finire mai. Sentì un'esplosione di felicità, e capì finalmente cosa significava la vera libertà: non era solo nel volo, ma nella fiducia in sé stessa e nel coraggio di fare ciò che sembrava impossibile.

Quando atterrò, il villaggio esplose in applausi. Ma Martina non ascoltava. Sorrideva, guardando Paolo che la guardava con un sorriso complice. Sapeva che quel volo non era solo il suo sogno diventato realtà, ma anche il segno che, a volte, bisogna solo credere in se stessi per poter volare.

Martina's Flight

Martina lived in a small mountain village, surrounded by tall peaks and green meadows. Every day, sitting by her window, she watched the birds flying in the clear sky and dreamed of being able to fly too. The sense of freedom those birds experienced fascinated her. She imagined soaring among the clouds, flying above the mountains, feeling the wind in her hair.

But Martina didn't feel free. Her life in the village was guided by the rules and expectations of others. She had to study hard, always do the right thing, and never stray too far from the norm. Everyone expected her to be a good, respectful, and quiet girl. But deep inside, Martina felt she wanted to do something different, something bigger.

One summer day, while walking through the woods near the village, she met an old man. He had a long grey beard and eyes full of wisdom. His name was Paolo, and he had once been a pilot.

"Why are you here, girl?" asked Paolo, noticing Martina looking at him curiously.

"I'm just walking," Martina replied, "but I've always dreamed of flying."

"Flying, huh?" Paolo said with a smile. "I used to fly too. They called me the 'pilot of the skies.' I've seen the world from a height that few can imagine."

Martina looked at him in awe. "But how did you do it? You must have been really brave."

Paolo sat on a rock and looked up at the sky. "Courage is not something you find easily. It's something you build, step by step. And you can find it too."

From that day on, Martina and Paolo became friends. Every afternoon, they met in the woods, where the man would tell her stories of flying, of high skies, and faraway places. One day, Paolo took her to an old workshop hidden among the trees. Inside, there were parts of airplanes, engines, and wings from old aircrafts.

"I want to build something," Paolo said, "something that will help you fly."

Martina stared at him in disbelief. "Do you really think I can fly?"

"With the right courage, and the right help, anything is possible," Paolo replied. "Let's start building a glider."

And so, together, Martina and Paolo began to build a small glider. Every day, Martina worked with Paolo, learning how to use the tools and understanding how the air could lift a craft off the ground. During the process, she learned not only how to build, but also how to believe in herself. She began to realize that her fear didn't have to stop her from doing what she loved. It wouldn't be easy, but she would have to face her fears, just like the birds that fly high in the sky.

The day of the village festival arrived. There was a big celebration in the square, with stalls, songs, and dancing. But Martina wasn't thinking about that. She walked toward the field where Paolo had set up the glider. A light breeze was blowing, perfect for flying.

"Are you ready?" Paolo asked, with a smile that made her feel more confident.

Martina nodded. Her heart pounded in her chest. She sat on the glider, her hands trembling but determined. Paolo looked at her with pride and gave her a gentle push. The glider lifted off the ground, slowly rising into the air.

Martina looked up, feeling the cool air on her face. The wind tousled her hair, and for a moment, she felt like the birds she had admired so much. The sensation was incredible. She had never felt anything like it.

She saw the village below her, small and quiet. She saw the distant mountains, and the blue sky that seemed to stretch on forever. A burst of happiness filled her, and she finally understood what true freedom meant: it wasn't just in flying, but in trusting herself and having the courage to do what seemed impossible.

When she landed, the village erupted in applause. But Martina didn't listen. She smiled, looking at Paolo who shared a knowing smile with her. She knew that this flight wasn't just her dream come true, but also a sign that, sometimes, you just have to believe in yourself in order to fly.

La Città degli Alberi

Luca e sua sorella minore, Emma, si erano appena trasferiti in una nuova città. La loro vecchia casa, circondata da verdi colline e prati aperti, sembrava un ricordo lontano. La nuova città era grande, rumorosa e grigia. I palazzi alti nascondevano il cielo e l'asfalto sembrava inghiottire ogni angolo di verde. Luca, che amava la natura, non riusciva a trovare il fascino di questo nuovo posto e si sentiva triste ogni giorno che passava.

"Non mi piace questa città," disse Luca un pomeriggio, guardando fuori dalla finestra. "Non c'è nulla di verde qui."

Emma, che aveva solo sei anni, rispose con un sorriso. "Magari possiamo trovare un posto segreto, come quello del nostro vecchio giardino."

Luca si fece forza e decise di andare a esplorare, sperando di trovare qualcosa che gli ricordasse la bellezza della natura. Un pomeriggio, dopo la scuola, decise di portare Emma al parco più vicino. Ma il parco non sembrava affatto speciale: c'era solo qualche panchina e pochi alberi sparsi. Il posto era trascurato e triste.

Mentre camminavano, però, Luca notò qualcosa di strano. C'era un angolo nascosto dietro una fila di cespugli, che non avevano mai visto prima. Si avvicinò curioso e scoprì una piccola porta di legno, coperta di muschio, che conduceva a un giardino segreto.

"Emma, vieni a vedere!" disse Luca, con gli occhi pieni di meraviglia.

Emma corse da lui, e insieme aprirono la porta. Il giardino che trovarono era sorprendente: alberi giganti con tronchi robusti e fronde folte creavano una grande ombra fresca. Ogni angolo era pieno di fiori colorati e cespugli dai frutti che Luca non aveva mai visto. Le piante sembravano vivere in armonia, come se si parlassero tra loro.

Ad un tratto, Luca sentì una voce lieve e profonda che sembrava provenire dagli alberi. "Benvenuti, giovani amici," disse la voce. "Siamo gli alberi che proteggono questa città. Abbiamo bisogno di aiuto."

Luca guardò intorno, cercando di capire da dove provenisse quella voce. "Chi parla?" chiese, stupito.

"Siamo noi," risposero gli alberi, le cui fronde ondeggiavano dolcemente nel vento. "Abbiamo visto che la città sta cambiando. L'aria non è più fresca, l'acqua non è più pulita e molti dei nostri fratelli alberi sono scomparsi. Abbiamo bisogno di aiuto per salvare la natura che ci circonda."

Luca, emozionato e anche un po' sorpreso, guardò Emma e poi gli alberi. "Cosa possiamo fare?" chiese.

"Piantate nuovi alberi, curate il parco e ricordate a tutti quanto è importante rispettare la natura. Ogni piccolo gesto conta," risposero gli alberi.

Luca e Emma tornarono a casa con una nuova missione. Raccontarono tutto ai loro genitori, ma decisero di non fermarsi

. Il giorno successivo, Luca e Emma andarono al parco e
parlarono con i bambini che giocavano lì. Spiegarono loro cosa
avevano imparato nel giardino segreto e li invitarono a unirsi
loro per piantare nuovi alberi, raccogliere la spazzatura e
prendersi cura degli spazi verdi.

Presto, anche i genitori si unirono all'iniziativa. Ogni weekend,
il gruppo di bambini, accompagnato dai loro genitori, piantava
nuovi alberi, sistemava i sentieri e raccoglieva rifiuti. Luca e i
suoi amici dipingevano cartelli colorati per ricordare a tutti
l'importanza di non abbandonare la spazzatura e di rispettare
la natura. La voce degli alberi si diffondeva, e anche gli altri
cittadini cominciarono a partecipare.

Poco a poco, il parco cambiava. I nuovi alberi crescevano forti
e alti, creando ombra e frescura. Il giardino segreto sembrava
espandersi e diventare un luogo dove tutti potevano godere della
bellezza della natura. Gli uccelli tornavano a cantare tra i rami, e
l'aria diventava sempre più pulita.

Luca guardò il parco un giorno, sorridendo. "Abbiamo fatto un
buon lavoro, Emma," disse.

Emma gli sorrise e rispose: "Sì, e non è finita. C'è ancora tanto da
fare!"

Luca si rese conto che, anche se non aveva potuto cambiare tutta
la città, aveva fatto una grande differenza nella sua comunità.
Aveva imparato che, quando si lavora insieme e si rispetta la
natura, anche le azioni più piccole possono avere un impatto
enorme.

La città, che una volta sembrava grigia e triste, ora era un luog
più verde e più felice, grazie agli sforzi di Luca, Emma e dei lor
amici.

The City of Trees

L uca and his younger sister, Emma, had just moved to a new city. Their old house, surrounded by green hills and open meadows, felt like a distant memory. The new city was large, noisy, and grey. The tall buildings hid the sky, and the asphalt seemed to swallow up every patch of green. Luca, who loved nature, couldn't find the charm in this new place and felt sad every day that passed.

"I don't like this city," Luca said one afternoon, staring out the window. "There's nothing green here."

Emma, who was only six years old, replied with a smile, "Maybe we can find a secret place, like our old garden."

Luca gathered his courage and decided to explore, hoping to find something that would remind him of the beauty of nature. One afternoon, after school, he took Emma to the nearest park. But the park didn't seem special at all: there were only a few benches and scattered trees. The place looked neglected and sad.

As they walked, however, Luca noticed something strange. There was a hidden corner behind a row of bushes they hadn't seen before. He approached, curious, and discovered a small wooden door, covered in moss, that led to a secret garden. "Emma, come see!" Luca said, his eyes full of wonder.

Emma ran to him, and together they opened the door. The garden they found was amazing: giant trees with thick trunks and lush foliage created a large, cool shade. Every corner was filled with colorful flowers and bushes with fruits Luca had never seen. The plants seemed to live in harmony, as if they were talking to each other.

Suddenly, Luca heard a soft, deep voice that seemed to come from the trees. "Welcome, young friends," the voice said. "We are the trees that protect this city. We need your help."

Luca looked around, trying to figure out where the voice came from. "Who's speaking?" he asked, astonished.

"It's us," replied the trees, their branches gently swaying in the wind. "We have seen that the city is changing. The air is no longer fresh, the water is no longer clean, and many of our tree brothers have disappeared. We need help to save the nature that surrounds us."

Luca, excited and a little surprised, looked at Emma and then at the trees. "What can we do?" he asked.

"Plant new trees, take care of the park, and remind everyone how important it is to respect nature. Every little action counts," the trees answered.

Luca and Emma returned home with a new mission. They told their parents everything, but decided not to stop there. The next day, Luca and Emma went to the park and talked to the children who were playing there. They explained what they had learned in the secret garden and invited them to join in planting new trees, picking up trash, and taking care of the green spaces.

Soon, the parents joined in as well. Every weekend, the group of children, accompanied by their parents, planted new trees, fixed the paths, and picked up trash. Luca and his friends painted colorful signs to remind everyone of the importance of not leaving garbage behind and respecting nature. The trees' message spread, and other citizens began to participate.

Little by little, the park changed. The new trees grew strong and tall, creating shade and coolness. The secret garden seemed to expand and become a place where everyone could enjoy the beauty of nature. Birds returned to sing among the branches, and the air became cleaner.

One day, Luca looked at the park and smiled. "We did a good job, Emma," he said.

Emma smiled back and replied, "Yes, and it's not over. There's still so much to do!"

Luca realized that, although he couldn't change the whole city, he had made a big difference in his community. He had learned that when people work together and respect nature, even the smallest actions can have a huge impact.

The city, which once seemed grey and sad, was now a greener and happier place, thanks to the efforts of Luca, Emma, and their friends.

Il Viaggio di Alberto

C'era una volta un ragazzo di nome Alberto che viveva in un piccolo paese circondato dalle colline verdi e dalle foreste della campagna italiana. Alberto era un ragazzo silenzioso e riflessivo. Passava le sue giornate a pensare, a osservare gli uccelli nel cielo e a sognare di vedere il mondo al di là delle colline. Ma la sua vita era tranquilla e prevedibile, e ogni giorno sembrava uguale all'altro.

Nonostante amasse il suo paese e la natura che lo circondava, Alberto sognava sempre di partire per un'avventura, di vedere paesaggi lontani, incontrare persone nuove e scoprire cose mai viste. Tuttavia, sentiva di essere intrappolato nella routine della vita quotidiana, come se le sue sogni non potessero mai diventare realtà.

Un giorno, mentre esplorava la foresta vicino a casa, Alberto sentì un rumore tra i cespugli. Si avvicinò silenziosamente e vide una piccola creatura: un uccello con piume brillanti e insolite, come se fossero fatte di stelle. L'uccello era ferito, le sue ali non riuscivano più a battere come una volta. Alberto, preoccupato, si chinò vicino all'uccello e lo accarezzò delicatamente.

L'uccello lo guardò negli occhi e, in qualche modo, sembrò dirgli qualcosa senza parole. Un'energia misteriosa avvolse Alberto e, per un momento, sentì che l'uccello lo stava invitando a seguirlo.

Senza pensarci due volte, Alberto prese l'uccello tra le mani e decise di aiutarlo. L'uccello, con la sua luce scintillante, lo guidò attraverso il bosco. Non solo lo stava accompagnando a cercare un luogo sicuro per guarire, ma gli stava anche mostrando un sentiero che Alberto non aveva mai notato prima.

Il cammino lo portò più lontano, fino a una parte della foresta che Alberto non conosceva. Lì incontrò un eremita, un uomo anziano che viveva da solo in una piccola capanna. L'eremita guardò Alberto con occhi saggi e, senza dire una parola, gli fece cenno di sedersi accanto a lui. Con pazienza, il vecchio gli raccontò di un luogo magico nascosto nel cuore della foresta, un giardino che solo pochi eletti avevano visto. "È il Giardino delle Stelle", disse l'eremita, "un posto dove i sogni si avverano e le speranze si realizzano."

Alberto sentì una scintilla di speranza nel cuore. Decise di continuare il viaggio, spinto dalla curiosità e dalla voglia di scoprire quel misterioso giardino. L'uccello, ora riposato, volò accanto a lui, e insieme si incamminarono attraverso la foresta. Lungo la strada, Alberto incontrò altri compagni: un gruppo di volpi giocherellone che si divertirono a correre tra gli alberi e un vecchio pittore che dipingeva il cielo con colori mai visti prima. Ogni incontro gli insegnò qualcosa di nuovo: l'importanza della gentilezza, la bellezza della natura e, soprattutto, il valore della vera amicizia.

Il viaggio di Alberto non era solo una ricerca del Giardino delle Stelle, ma anche un viaggio dentro di sé. Con ogni passo, capì che la sua vita non era destinata a rimanere sempre nella stessa piccola valle. Aveva il coraggio di fare un passo verso l'ignoto, di seguire i suoi sogni e di fidarsi del suo cuore.

Finalmente, dopo giorni di viaggio, Alberto arrivò in un luogo che sembrava uscito da una fiaba. Il Giardino delle Stelle era un posto incantato, dove fiori luminosi sbocciavano anche di notte e dove l'aria era carica di magia. Lì, sotto un cielo stellato, Alberto comprese che il vero significato del viaggio non era raggiungere la meta, ma il cammino stesso. Aveva imparato che la forza di seguire i propri sogni era dentro di lui, e che ogni passo che aveva fatto lo aveva avvicinato alla sua vera essenza.

Quando tornò a casa, Alberto non era più lo stesso ragazzo che era partito. Ora sapeva che il mondo era grande e pieno di meraviglie, e che lui stesso aveva la forza di cambiare il proprio destino. Non aveva bisogno di cercare il Giardino delle Stelle fuori di sé, perché quel giardino, in realtà, viveva dentro il suo cuore.

E così, Alberto tornò nella sua piccola valle, ma con uno spirito nuovo, pronto ad affrontare qualsiasi avventura e a seguire i suoi sogni, perché ora sapeva che il vero viaggio era quello dentro di sé.

Alberto's Journey

Once upon a time, there was a boy named Alberto who lived in a small village surrounded by green hills and the forests of the Italian countryside. Alberto was a quiet and thoughtful boy. He spent his days thinking, watching the birds in the sky, and dreaming of seeing the world beyond the hills. But his life was calm and predictable, and each day seemed the same as the last.

Despite his love for his village and the nature surrounding it, Alberto always dreamed of going on an adventure, of seeing distant landscapes, meeting new people, and discovering things he had never seen before. However, he felt trapped in the routine of daily life, as if his dreams could never become a reality.

One day, while exploring the forest near his home, Alberto heard a sound coming from the bushes. He quietly approached and saw a small creature: a bird with bright and unusual feathers, as if they were made of stars. The bird was injured, its wings no longer able to beat as they once had. Worried, Alberto bent down and gently stroked the bird.

The bird looked into his eyes, and somehow, it seemed to tell him something without words. A mysterious energy surrounded Alberto, and for a moment, he felt as though the bird was inviting him to follow it.

Without thinking twice, Alberto took the bird in his hands and decided to help it. The bird, with its shining light, guided him through the woods. Not only was it leading him to a safe place to heal, but it was also showing him a path that Alberto had never noticed before.

The journey took him further, to a part of the forest he did not know. There, he met an old hermit, a man who lived alone in a small hut. The hermit looked at Alberto with wise eyes and, without saying a word, motioned for him to sit beside him. Patiently, the old man told him about a magical place hidden in the heart of the forest, a garden that only a few chosen ones had ever seen. "It is the Garden of Stars," said the hermit. "A place where dreams come true and hopes are fulfilled."

Alberto felt a spark of hope in his heart. He decided to continue his journey, driven by curiosity and the desire to discover that mysterious garden. The bird, now rested, flew beside him, and together they walked through the forest. Along the way, Alberto met other companions: a group of playful foxes who enjoyed running between the trees, and an old painter who painted the sky with colors never seen before. Each encounter taught him something new: the importance of kindness, the beauty of nature, and most of all, the value of true friendship.

Alberto's journey was not just a search for the Garden of Stars, but also a journey within himself. With every step, he realized that his life was not meant to stay forever in the same small valley. He had the courage to take a step into the unknown, to follow his dreams, and to trust his heart.

Finally, after days of traveling, Alberto arrived at a place that seemed straight out of a fairy tale. The Garden of Stars was an enchanted place, where glowing flowers bloomed even at night, and the air was filled with magic. There, under a starry sky, Alberto understood that the true meaning of the journey was not reaching the destination, but the journey itself. He had learned that the strength to follow his dreams was within him, and that every step he had taken had brought him closer to his true essence.

When he returned home, Alberto was no longer the same boy who had left. He now knew that the world was vast and full of wonders, and that he himself had the strength to change his destiny. He no longer needed to search for the Garden of Stars outside of himself, because that garden, in reality, lived inside his heart.

And so, Alberto returned to his small valley, but with a new spirit, ready to face any adventure and follow his dreams, for now he knew that the true journey was the one within himself.